AF339477

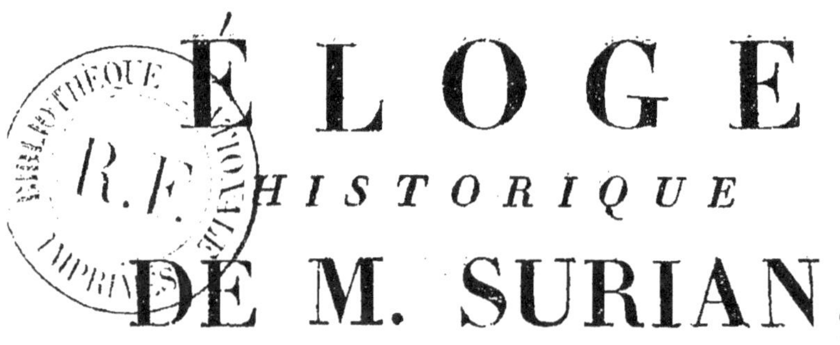

ÉLOGE
HISTORIQUE
DE M. SURIAN,

ÉVÊQUE ET SEIGNEUR DE VENCE,

L'UN DES QUARANTE DE L'ACADÉMIE FRANÇOISE.

Par M. Guerin, Avocat au Parlement d'Aix.

1851

ÉLOGE HISTORIQUE DE M. SURIAN.

J'acquitte la dette de ma Patrie, et je réveille la cendre d'un homme qui mérite d'être présenté à la postérité comme un modèle de sagesse et de vertu. Un écrivain des plus célèbres de l'Europe (1), en a ébauché l'éloge; et le portrait devrait être réservé à son pinceau. Je ne prends la plume après lui, que comme un Amateur qui travaille sur de beaux dessins de Raphaël, ou un Officier qui ose célébrer un Héros, après avoir long-tems admiré les opérations et les vues profondes d'un Général qui n'a jamais connu que des succès (2).

(1) M. Dalembert.

(2) M. Surian a vécu pendant 25 ans dans son Diocèse, sans entretenir de relations avec la Capitale: M. Dalembert qui l'a remplacé à l'Acamédie Française, n'a pu se procurer dans le tems les renseignemens qui lui étaient

Jean-Baptiste Surian naquit à S. Chamas en Provence, le 20 Septembre 1670, de Joseph Surian, originaire de Florence, de la famille Suriany, qui y tenait un rang distingué, et de Magdeleine Broglia. Il reçut les premiers principes d'éducation au Martigues, lieu peu distant de S. Chamas, et ensuite à S. Chamas même ; après quoi il entra dans la Congrégation de l'Oratoire. Son père, qui avait plusieurs enfans et une fortune médiocre, désirait qu'il s'adonnât au Commerce ; mais son goût pour l'étude et les instances de sa mère, qui reconnaissait en lui le germe des talens qu'il devait développer un jour, firent cesser tous les obstacles. Son père céda moins aux désirs d'un fils, qu'à l'ascendant d'une épouse pour laquelle il avait beaucoup de déférence.

La Congrégation de l'Oratoire ne tarda pas à s'appercevoir qu'elle possédait en la personne du Père Surian, un Sujet qui devait suivre de près le célèbre Massillon dans la carrière de l'Eloquence, et le surpasser peut-être par les qualités sociales et les agrémens de son commerce (1).

Il joignait au talent de la parole et d'une élo-

---

nécessaires pour en faire un Éloge complet : l'amitié dont M. Surian honorait mon Père, m'a mis à portée de savoir les principales circonstances de sa vie; je n'en ai retardé la publicité que par des raisons particulières.

(1) Ceux qui ont connu Massillon sans connaître Surian, n'en conviendront pas; ceux qui ont connu Surian sans connaître Massillon, feront encore moins cet aveu. Les Amis de l'un et de l'autre n'ont osé prononcer.

quence mâle et rapide, une figure noble , un bel
organe, et tous les grands moyens qui doivent con-
courir pour former un Orateur. Il fit bientôt retentir
les Chaires de Paris; il s'y acquit une réputation dis-
tinguée, et il fut chargé de prêcher le Carême de-
vant le Roi. Les suffrages de la Cour et de la Ville
n'ont jamais été si unanimes qu'ils le furent dans
cette occasion.

Le Père Surian aimait les Savans et les Gens de
Lettres; il s'attachait même à ceux d'entre les Jésuites qui avaient de la célébrité.

Les débats du Jansénisme étaient alors dans la
plus grande activité; le Père Surian ne voulut point
y entrer, et il continua de cultiver habituellement
les liaisons qu'il avait formées avec plusieurs Jésuites,
qui déploraient, ainsi que lui, l'acharnement des
deux Partis. Il éprouva dans sa Congrégation quel-
ques désagrémens, moins l'ouvrage du Corps même,
que celui d'un petit nombre d'esprits ardens et fou-
gueux, qui ne concevaient pas qu'on pût être mo-
déré et tolérant en fait d'opinion.

Ces dégoûts lui firent désirer de pouvoir jouir de
l'indépendance, et lui inspirèrent une ambition qu'il
n'aurait peut-être jamais eue, si tous ses Confrères
lui eussent rendu la justice qu'il méritait.

La réputation qu'il s'était acquise , les agrémens
de sa société, l'esprit de modération qu'il manifestait,
dans un temps où cette vertu, toujours rare, l'était
plus que jamais, lui firent des Amis et des Protec-
teurs. Les Jésuites étonnés qu'un de leurs ennemis

[6]

naturels pût être indifférent pour leurs querelles, le virent avec une admiration qui les désarma, et n'osèrent le traverser.

Il fut nommé à l'Évêché de Vence en 1727 : la Congrégation de l'Oratoire, qui s'imagina que M. Surian n'avait ménagé les Jésuites que par des motifs d'ambition, crut qu'il allait devenir leur antagoniste et lui faire des prosélytes parmi les Évêques.

Mais inébranlable sur des principes qu'il puisait dans son cœur, et Philosophe comme il l'a été toute sa vie, M. Surian évita toujours de se mêler des querelles du Jansénisme ; il dit à ses anciens Confrères que son nouvel état lui imposait d'autres devoirs ; qu'appelé par la Providence à l'Épiscopat, il la remerciait de ce qu'elle l'avait placé dans un des plus petits Sièges du Royaume, où il pourrait goûter la paix et la tranquillité qu'il avait toujours ambitionnées.

Il se rendit bientôt dans son Diocèse, et il y vécut en Philosophe comme il avait vécu à l'Oratoire ; il y a fait une résidence scrupuleuse, et il a rempli les devoirs de l'Épiscopat d'après les principes dont il était animé.

Il n'a jamais pu gagner sur lui de prendre un air de sévérité envers ceux qu'il avait à punir ; ses reproches étaient plutôt les conseils d'un ami et les avertissemens d'un père, que les ordres d'un Supérieur et d'un Évêque.

M. Surian a possédé au suprême degré l'esprit

de conciliation : si quelque paroisse se plaignait de son Curé ou des Vicaires, il employait pour ramener la paix des moyens si efficaces, qu'il détruisait tout germe d'animosité ; et quand il avait gagné les esprits, il disait aux Habitans : *Votre Curé se corrigera, il me l'a promis, il vous aime ; le temps et les réflexions me sont de sûrs garants qu'il tiendra parole : souvenez-vous que les Prêtres sont des hommes, et que s'il était en moi de vous en donner d'autres que ceux que vous avez, vous vous en trouveriez peut-être moins bien ; ainsi, mes Enfans, retournez dans votre Paroisse, vivez en paix, et aimez-vous.*

Il a donné l'exemple des mœurs les plus austères, et en même tems les plus douces ; il n'était sévère que pour lui, et indulgent que pour les autres. Si quelque Ministre de l'Autel avait le malheur de succomber à la fragilité humaine, il jetait d'abord un voile sur lui pour le dérober aux regards du Public, et, par une persuasion insensible, il le ramenait dans la bonne voie ; c'est ainsi qu'il guérissait le malade en compatissant à ses infirmités : où prenait-il donc des moyens si rarement employés ? Dans l'ame du Philosophe et du vrai Chrétien, dans la sienne.

Dans l'espace de vingt-sept ans d'Épiscopat, il n'a pas demandé une seule Lettre de Cachet, tandis que de son temps, les autres Évêques croyaient ne pouvoir faire régner la tranquillité dans leurs Diocèses, que par un abus continuel des ordres surpris à l'autorité du Prince : remède quelquefois nécessaire, mais dont il ne faut user qu'avec la plus grande circonspection.

L'Académie Française voulut posséder M. Surian; il était digne de lui appartenir, soit par ses talens oratoires, soit par ses vastes connaissances en littérature, soit enfin par son goût pour les Sciences et pour les beaux Arts : il fut nommé Académicien en 1733, à la place de M. de Coaslin, Évêque de Metz.

L'Académie n'a guère pu profiter de ses lumières. M. Surian préféra ses devoirs d'Évêque à ceux d'Académicien ; il borna sa fortune à l'Évêché de Vence ; et il ne vint à Paris que dans les occasions où sa présence était absolument nécessaire.

On lui offrit d'autres Sièges, il les refusa constamment ; et il dit, à l'exemple de M. Du Vair, un de ses prédécesseurs, *qu'il ne quittait point une femme pauvre pour en prendre une riche.*

A la mort de Victor Amédée, Roi de Sardaigne, M. Surian fut choisi par le Roi pour prêcher l'Oraison funèbre de ce Prince; c'était une tâche difficile à remplir. Victor Amédée avait toutes les qualités d'un Prince et toutes les faiblesses d'un homme. La France lui imputait une infraction à un traité solennel; M. Surian aimait la vérité, il ne déguisa rien, et il eut le suffrage de la Cour de Versailles et de celle de Turin.

Ce vertueux Prélat aimait les pauvres ; mais il a su venir à leur secours, sans les entretenir dans l'oisiveté par des libéralités qu'il ne put concilier avec sa sagesse : le vulgaire n'apperçoit pas toujours ce qui distingue la bienfaisance éclairée d'avec la charité mal entendue. M. Surian brava le reproche de ne pas faire aux pauvres, de son vivant, tout le bien qu'il aurait pu ; mais en amassant des sommes assez considérables, dont les pauvres seuls ont profité, il n'a pas voulu ressembler à ces avares qui veulent multiplier leurs jouissances par leurs privations ; il a vu que dans une petite ville de Province, située à l'extrémité du Royaume, dénuée de ressources, il fallait avoir un fonds en réserve pour des momens de calamité et pour des disettes inattendues.

Ces sortes de prévoyance sont les signes auxquels on reconnaît ces hommes supérieurs, qui, à travers le voile du temps, lisent dans l'avenir.

Le zèle de M. Surian ne fut jamais plus actif que lors de l'irruption que les Autrichiens et les Piémontais firent en Provence en 1747. Le territoire de Vence, voisin des États du Roi de Sardaigne, fut le premier exposé aux ravages de la guerre.

Les Ennemis paraissent ; les Habitans s'alarment, et veulent abandonner leurs foyers. Surian les rassure, se met à leur tête, attend les Généraux ennemis aux portes de la ville, et leur parle en ces termes : « Vous ne venez point faire la guerre au » Citoyen, mais au Soldat ; le Dieu des Armées » et le sort des batailles décideront qui du Roi mon » Maître ou des vôtres doit être le vainqueur :

» mais l'humanité, la générosité des Princes que
» vous servez, ne vous permettent pas de maltraiter
» des Citoyens désarmés. »

Toute l'armée est saisie d'étonnement et de respect pour ce Vieillard vénérable; dans cette cir-
constance affligeante pour son cœur, comme sujet
et comme Évêque, (pourquoi ne dirions-nous pas
comme père)? il secoue le fardeau des ans avec un
courage qui ranime ses forces, et il conduit dans
son Palais les Généraux et les principaux Officiers
de l'Armée : là, il achève de les subjuguer par ses
procédés et par ses manières, comme il les avait
gagnés par sa présence.

C'est ici le moment de connaître et de juger
Surian; il porte la main avec joie et avec transport
sur ce trésor dont on lui faisait un crime: ce n'était
pas la soif des richesses qui le lui avait fait amasser,
mais une bienfaisance réfléchie. Si sa modestie n'eût
fait taire sa vertu, il aurait pu dire dans cet ins-
tant : « Citoyens, les voilà ces épargnes, venez
et recueillez-en le fruit » ; mais il jouit de son
triomphe en silence, et il ne se souvient qu'il
a un trésor que pour l'échanger contre un trésor
seul digne de lui, le bonheur public.

La Providence semble se plaire à seconder ses
vues bienfaisantes, tout concourt à ses desseins. La
ville paye des contributions, mais elles sont si mo-
diques, qu'elle gagne plus qu'elle ne perd dans les
désastres de la guerre (1).

____

(1) L'argent que les ennemis ont versé en Provence dans

L'armée observe la plus exacte discipline; les Pandours Allemands (espèce de troupes légères qui n'en connaissent aucune) n'osent pas se permettre le pillage; et, souvent sourds à la voix de leurs Chefs, ils se soumettent à l'empire de la vertu, et respectent les Habitans en la personne du Prélat.

Si les Généraux donnent un ordre trop rigoureux pour des fournitures que la ville ne puisse faire, Surian se montre, et l'ordre est révoqué.

Un aide-de-camp lui demande indiscrètement ce qu'il croyait qu'il faudrait de tems à l'armée Autrichienne pour aller jusqu'à Lyon : le cœur de M. Surian toujours Français au milieu des ennemis, lui dicte sur le champ cette réponse : *je sais bien, Monsieur, le temps qu'il me faut pour me rendre à Lyon, mais je ne saurais estimer celui qu'il faudrait à une armée qui aurait à combattre les troupes du Roi mon Maître.*

Sa famille n'était pas riche, et elle avait des droits à ses bienfaits. Le vertueux Évêque n'ose pas se décider à faire un modique legs à trois de ses parens, auxquels il était d'une absolue nécessité; il faut qu'un ami de l'humanité, qu'il honorait de la confiance la plus intime, soit leur intercesseur auprès de lui. M. Surian ne se rend à ses instances qu'à condition qu'il fera connaître dans ses dernières volontés, les motifs qui l'ont décidé au legs : je lègue, a-t-il dit, à ma nièce, que son *malheur a rendu*

cette occasion, a fait doubler la valeur des héritages, et a fort accru la masse des fortunes.

pauvre, la somme de.... Il avait des neveux pour lesquels les mêmes motifs réclamaient; il ne leur a donné que ce qu'il fallait pour subvenir *à l'entretien de ces pauvres enfans.*

Il eût cru faire un larcin aux Pauvres, si ses Parens n'eussent été eux-mêmes pauvres et malheureux : ce principe était tellement gravé dans son cœur, qu'il n'a donné que ses biens patrimoniaux, qui ne provenaient point de ses *Bénéfices,* à celui d'entr'eux qui portait son nom, parce qu'il n'avait pas les mêmes besoins. M. Surian a institué les Pauvres de Vence ses héritiers universels; mais il a voulu prévenir les inconvéniens qui pourraient résulter de ses libéralités. *Mon intention est qu'après qu'on aura employé les fonds et revenus pour subvenir aux besoins des Pauvres et des Malades, le surplus soit employé à marier de pauvres filles, à rebâtir des maisons ruinées, et à payer la pension de pauvres Ecclésiastiques dans des Séminaires, pour donner de bons sujets à l'Église.*

Ici l'ame de M. Surian s'est développée toute entière : on reconnaît dans ses dispositions le Citoyen vertueux et éclairé, qui veut le bien et qui veut le bien faire; il apperçoit tous les ressorts qu'on peut employer pour favoriser l'agriculture et la population, et il en prescrit l'usage.

Sa ferveur pour la Religion ne le cède point à ses autres vertus; convaincu qu'il est des sujets doués de talens qu'un manque de fortune peut faire perdre à l'Eglise, il veut qu'on puisse cultiver, s'il est per-

mis de se servir de cette expression, des terres ferti-
les qui pourront être un jour d'un grand rapport,
et qui, n'étant pas mises en valeur, resteraient
dans une oisiveté pour laquelle la nature ne les a
pas faites.

M. Surian n'a su de sa vie ce que c'était que les
procès, et il n'a connu ses prérogatives, comme
Évêque et comme Seigneur de Vence, que pour
prouver qu'on peut, sans déroger à ses droits, s'at-
tirer l'amour, le respect et la considération publique.
Il est mort le 3 Août 1754, dans la 84e. année de
son âge. Pénétré des sentimens d'une piété douce et
tranquille, les approches du trépas, loin d'effrayer
son âme, semblaient l'élever à l'immortalité du
bonheur réservé à la vertu.

Les Notables de Vence ne savaient de quelle
manière ils pourraient exprimer leur reconnaissance
pour un Bienfaiteur si chéri ; tous les moyens leur
paraissaient faibles et impuissans ; l'éloquence
muette, mais sincère et touchante du sentiment,
et les larmes des malheureux, qu'ils essuient tous
les jours par ses libéralités, l'honoraient assez à leurs
yeux et dans leur cœur ; mais cet hommage, le plus
pur et le moins suspect de flatterie, n'a pu suffire à
leur délicatesse ; ils ont fait placer cette Inscription
sur la porte principale de leur Hôpital.

*A la Mémoire de Messire Jean-Baptiste Surian,
Conseiller du Roi en ses Conseils, Évêque et Sei-
gneur de Vence, l'un des quarante de l'Académie
Française, etc.*

Les talens et les vertus firent de ce Prélat un des ornemens de l'Église de France, la gloire et l'honneur de ce Diocèse.

Les Recteurs de cet Hôpital, son héritier universel, lui ont dressé ce monument sous l'Épiscopat de Monseigneur de Lorry (1), l'an 1765.

M. Surian n'a voulu se survivre à lui-même que par le souvenir de ses vertus : il joignait à ce qui les embellit toutes un fonds de modestie que rien n'a pu altérer ; il a tout sacrifié, non à sa gloire, mais aux succès d'un Orateur Chrétien, et il aurait voulu sacrifier sa réputation à sa modestie ; c'est ce qui le détermina à supprimer presque tous ses Manuscrits.

Un de ses parens a fait imprimer son petit Carême (2). Cet ouvrage était imparfait, et on ne peut le regarder que comme les dépouilles d'un homme trop peu connu. M. Surian a dû une partie de ses succès à une onction qui lui était si naturelle, qu'il se livrait souvent aux mouvemens de son âme, sans s'astreindre à ce qu'il avait mis sur le papier ; et dans ces momens d'abandon il était, peut-être par une sorte d'inspiration, plus grand que lui-même.

Il joignait à toutes les qualités sociales une gaîté

---

(1) M. de LORRY, Évêque de Tarbes, ci-devant Évêque de Vence, a voulu rendre le premier hommage à M. SURIAN. L'Inscription a été placée en sa présence.

(2) Chez NYON l'Aîné, à Paris 1778.

qu'il a conservée jusqu'au dernier moment : elle était plutôt l'effet de sa Philosophie et le fruit de ses réflexions, qu'un don de la nature. Si comme Orateur il ne peut pas être placé au premier rang, en le jugeant par ce qui nous reste de lui, il jouit d'une gloire plus désirable ; il peut être comparé aux hommes les plus sages dont l'histoire nous ait transmis le souvenir. Qu'il nous soit permis de dire avec le Président de Montesquieu (1) : *que par un malheur attaché à la condition humaine, les grands hommes modérés sont rares,* et nous pourrons nommer Surian, et le faire asseoir à côté de ces Sages, dont le nom doit être conservé dans les annales de la bienfaisance et de la Philosophie Chrétienne.

Ces sortes de vertus honorent plus l'humanité que les qualités brillantes de Conquérant et de Héros ; aussi l'histoire en fournit-elle moins d'exemples.

(2) *Et comme il est toujours plus aisé de suivre sa force que de l'arrêter, peut-être dans la classe des hommes supérieurs est-il plus facile de trouver des gens extrêmement vertueux, que des hommes extrêmement sages.* Que ne mérite point celui qui est tout-à-la fois vertueux et sage !

---

(1) Esprit des loix, Liv. 28, ch. 41.
(2) Esprit des Loix, *Ibid.*

FIN

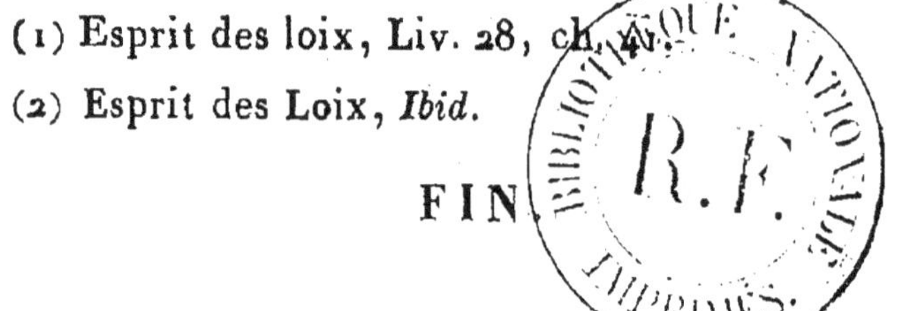

Réimprimé sur la première édition se terminant par l'indication suivante :

Lu et approuvé ce 30 *Avril* 1779. *DESAUVIGNY.*

Vu l'Approbation, permis d'imprimer le 1 Mai 1779. **LE NOIR.**

Registré la présente Permission sur le Registre de Police de la Chambre Royale et Syndicale des libraires et Imprimeurs de Paris, N° 7022, conformément aux anciens Réglemens, confirmés par celui du 28 Février 1723. A Paris, ce 4 Mai 1779.

A. M. LOTTIN l'aîné, *Syndic.*

Nyons, de l'imprimerie de Gros. — 1851.